Escolio sobre el blanco

WALDO PÉREZ CINO

Escolio sobre el blanco

bokeh ✳

Primera edición en Bokeh, 2014 (Antwerpen: Bokeh)

© Waldo Pérez Cino, 2014, 2016
© Fotografía de cubierta: W Pérez Cino, 2014, 2016
© Bokeh, 2014, 2016
  Leiden, NEDERLAND
  www.bokehpress.com

ISBN 978-94-91515-48-4

I.

Lienzo del acuerdo

En la transparencia matinal del pan
y del agua, de cuerpo y desayuno. Así se pierde
el blanco cuando se diluye en tinta ajena,
así se pierde el blanco ahora que parece
en vez de papel un panel dispuesto para el óleo,
una tela mancillada en costra a la intemperie:
algo como un lienzo cruzado por la espátula
y no ya el soporte dócil, el fiel de las palabras.

Los arreos

Incapaces de grandeza, míralos:
incapaces
de ir a ninguna parte sin su perro,
sin los arreos para un día
que ni siquiera es suyo ni es el último.

Como ancla de hierro que impidiera
zarpar, perderse mar adentro: los suicidas
no prometen casi nunca su retorno
(no mienten despedidas, no hacen vanas
promesas, nunca beben a destiempo)
ni acuden al aviso primero del desastre.

No aparecen cuando todo los convoca
a la desaparición o al genio comedido,
a la espesura donde vela la corriente
donde asientan, fieles,
sus preces los mil nombres de la ira.

Vela gruesa

Lentitud de mañana en el apartamento,
día tranquilo. Ducha pospuesta, lecturas
pospuestas, página pospuesta: lluvia fuera.

Vela gruesa, su siesta. O su proyecto:
una hora de siesta que todavía no he dormido.
Afuera hay luz, una luz tamizada por la lluvia.

¡Has perdido la ilusión! ¡Has perdido
incluso el entusiasmo!
¡No se te puede llevar a ninguna parte!

Figuraciones del fin. Del tiempo del acuerdo
que es también el tiempo del fin y de la nada.
O el tiempo de la plenitud,
según se mire. De su víspera, dice la poeta,
del instante donde el gesto no precisa
ya de su muerte, donde no cabe
su omisión, suspender lo que junto alienta.

El miedo

Espiándose a uno mismo. Volviéndose
una y otra vez a ver si alguien
te escruta la nuca desde la ventana
de enfrente o en el pasaje oscuro de la vuelta.

No hay como pensar, dijo Lucas, en el miedo.
No hay como vivir el miedo como una regla
que caliente los músculos del cuerpo,
un trapo sucio y húmedo en la tibieza
de un cachorro de gato o como sangre.
No hay como el miedo para vivir la vida
ajena de otro, la muerte de otro por la propia.
No hay nada como el miedo si se trata
de perderlo todo sin poder mover un dedo.

Pentimento

Lo que hubiera tenido que hacer
hubiese sido. Subjuntivos.
Y lo que no fue, ya lo sabemos,
no se vive en subjuntivos: las disculpas
lo son cuando aparecen en la noche,
cuando irrumpen en la zona de los días
o zanjan su término en el sueño.
Contrición de quién hubiere
poco vale a destiempo. Las disculpas
lo son sólo cuando caen por su sitio.

Cuando todo está en su sitio,
cuando su propio peso las releva.

Las disculpas perdidas, las noches
perdidas en disculpa. No se cabe
bajo el asiento del día ante la muerte,
bajo el marasmo hipnótico de perderlo
todo porque sea mayor el sacrificio,
más vigorosa (más sin vuelta)
la afirmación rotunda del fracaso,
su renuncia póstuma
sin otra figura que no sea el falaz
perdón de la deuda y el castigo,
su promesa a desgana para el fin.

Cuando pesa la culpa bajo el agua

Hay un rodeo larguísimo que lleva al lago,
un camino bordeado de lavanda entre dos muros
de piedra de cantera. Un rodeo precioso,
dice, para llegar adonde estamos, para volver
aquí mismo adonde estamos, los placeres
recurrentes de la vuelta… No te entiendo,
¿es que no quieres
alejarte de nuevo y regresar, perdernos
otra vez para la vuelta? No lo entiendo
y no veo lo que pasa, ¿A qué esa cara?
Es como descubrirse, porque perderse
¡duele tanto! Y si hay dolor será verdad,
la única medida donde abreva la certeza
cuando pesa la culpa bajo el agua.

Una llamada pendiente, un modo fácil
de decir que no a lo que no compete.
¡Cómo si fuera sencillo lo que es simple,
cómo si no supiera, dice, todo lo que sé!

Ni siquiera lo entiendo, mira. Y no quiero
sentir que me castigas, si tenemos
todo el tiempo de la muerte por delante,
las horas y los días de la ausencia
y la noche de siempre, la noche detenida
en su mortaja de aluminio, hielo y sangre
de sombra esclarecida, de abrepuertos.

Los cubiertos

la carta suya entre los recibos de los muertos
pero él ya no iba a volver. El misterio o el secreto
del asco, de la muerte dócil que se asoma
a destiempo por contemplar su propio adiós.

B Serraud

Nada sienta. Cabe poco a cuento bajo el día
dormido en equilibrio, perdido en el sosiego
de sus predios narcóticos: los manteles
dispuestos como en la mesa de un velorio,
como en la mesa donde se ponderan los tributos
y se prestan alcancías donde quepan
a buen recaudo las memorias: sordas pócimas
que ahorren el dolor como una música
que encubriera la tortura. Toda la música
como ruido que encubra, que haga llevaderas
la vergüenza de los que a sabiendas hacen mal
y de los que no dicen que no: aquel rubor
oscuro que se atora, que disimula el tintineo
de cristales y cubiertos, bajo esa letanía
que discurrirá trivial hasta que duren
la pantomima y el deber vueltos silencio
—la pantomima de era yo en el fondo quien quería,
la pantomima de no, no es a mí a quien
se lo hacen sino Mira: soy yo misma quien decide.

Esa pantomima de la deuda y del horror

cotidiano de la deuda, la belleza que se ofrenda
si total, tú y yo tenemos
más belleza que quemar en los santuarios.
Si no es mía la mía porque debo, porque a cambio
el muerto sigue respirando y no se hunde, alienta
un aire que no es suyo pero aun así me sobrevivo,
porque así bailo, mira, todos los días con mi muerte
vestida con una piel que no es la mía, agradecida
cuando lo que tejí en el día se desteje por la noche.

Y nada viene a cuento sino en tinta, un chorro
tibio de tinta bajo el agua: los embates espasmódicos
de un calamar fluyendo en fuga. Cortina de humo
y risa en sesgo, contracciones breves como el pulso
de un esfínter animal abierto, como los charcos
de adioses vergonzosos de un cádaver, esas trazas
del sueño que despiertan las Furias, las benévolas:
bacantes buscando en desespero −en estupor,
agotamiento, los dedos mintiéndose en la siesta seca
algo que lo absuelva en llevadero y soportable,
algo que aliente mejor en sacrificio, en cotidiana
rémora feliz sin carne, en el destino de la hoguera,
en el destino
de una piedra atada a los pies a ver si flota
la bruja presunta cuando el tribunal la arroja al río,
a los canales.

¿Y cómo soportarlo? ¿Cómo es que se pasea
ante los severos jueces la culpa sin que duela? ¿Cómo
se pasean la belleza, la inocencia
ante los jueces que de no hallar culpa se irán lejos?

Cómo se hace ante el tribunal que necesita
esa culpa en alimento, la vida en alimento, el aire
de los condenables en alimento, que requiere
respirarlo porque si no se pudre, porque si no
los gusanos van a mostrar su cara fea… ¿Cómo
se hace si hace falta la disculpa? Sólo un poco más
de sacrificio, arriba, venga: que humeen los altares
el tributo del asco. Que lo humeen a escondidas,
tan en secreto el sacrificio como la vida que pospongo
(un poco más de sacrificio porque la cara
de los gusanos se haría insoportable, qué vergüenza).

Y que sea como si no pasara nada, eso lo primero:
que sea en el sótano que nadie puede ver, que sea
con música a todo trapo, la música que silencia
el tono obsceno de los gritos, su timbre más agudo:
que sea con la música que secuestra las palabras.
¿Buscando qué? Algo que consuele,
aquello donde el tiempo
se refracte en su espera. Algo que haga menos dura
la agonía de un cangrejo en la nevera, los gestos
que lo mueven, esa lentitud de las patas al buscarse
en movimientos menos suyos que de muerte.
O en su reverso: que sea rápido, que acabe,
que siga siendo hasta que el tribunal se desvanezca
(si ya hasta aquí pues qué tanto
da lo otro, lo que venga: tanto monta, si yo).
Pero mientras tanto, mientras dure el mientras
mejor pagar a diario las deudas, mejor el boca a boca
para que el lado purulento no aparezca. Mejor
los dedos fingiendo, tejiendo en una danza

lo que se desliza en los oídos, buscando en el jadeo
febril la fuente del placer durante la pausa:
un asidero, alguna cosa que las borre al menos
de lo real como una mancha seca
de vino o de sangre, de olvido en los manteles,
de algo que cuando el agua lo recorra ya se escurra.

II.

Primavera

Un baúl en la calle, precioso. Lo subo a casa: necesita cera y limpieza, volverlo a habitar. Un baúl que me recuerda otro, y que probablemente vaya a parar a la habitación, que me recuerda otros días que no dejan de hablarme, un idioma que se perderá con sus palabras, un glosario del mundo.

¿Un premio por salir, moverme, arrancar, por empezar a asumir olvidos? Tal vez. O quizá no, no hay premios. Lo más probable es que no sea agüero ni señal, y sólo un hecho, un objeto: sólo madera y dos cerraduras, un par de llaves a juego, casualidad: que ya es bastante. Algo que ocurre como algo que cae o que muere o que se pierde o que aparece, algo que alguien ya no quiso y que en cambio me habla, que no deja de hablarme aunque nada tenga sentido ni exista fuera de quien escucha, de quien no puede dejar de escuchar y lo sabe, siempre lo supo, jamás.

Fabulari ex re

A veces cuando las cosas van mal, le había contado, encuentro cosas en la calle. Ahí, como esperando. Cosas como el butacón que nos gusta o como ese baúl. Y ocurre así sin más porque aparecen sin más, no un mensaje ni una compensación sino un síntoma: de que van o han ido mal, de que irán mejor, de que lo que pasa es lo que está pasando pero no es más y tampoco es menos. Mi primer hallazgo de ese tipo fue una máquina de coser Singer, en La Habana, que me eché a la espalda y llevé hasta casa bajo el sol de agosto o de julio o bajo el sol turbio de cualquier otro mes parecido, estiba de verano. Una armazón de hierro que luego, con una tabla encima algo más grande que la original, se convirtió en mi escritorio. Y donde luego, cuando no encontraba la continuación de una frase, le daba a los pedales. Cuando no sabía cómo contar algo le daba a los pedales y el texto se iba tejiendo en esa cuerda, en ese remedio, en esa continuación por otros medios no sé bien de qué. Quizá entonces creía saber de qué. Quizá del texto, pero no era eso lo que quería decir ahora. Entonces tampoco lo sabía, sencillamente lo hacía, o mi pie lo hacía por mí. Prosa pedestre, bromeaba. Prosa con los pies en la tierra. Sea lo que fuere, el caso es que los pedales funcionaban mejor que los arranques (por lo general sin pedales y por lo general más o menos condicionados por alguna idea tal vez demasiado manoseada, fija).

El butacón, ese sofá que a la poeta le gusta —flanco izquierdo, flanco derecho— fue otro de esos hallazgos. Pero ahí bastó con subirlo por las escaleras, porque apareció en la puerta de casa y siempre sospeché que habría sido de algún vecino que ya no sería el mío (yo acababa de mudarme esa semana). Ahí no le daba a los pedales, no había, pero me levantaba de mi escritorio de entonces y me sentaba un rato mirándolo y volvía. En el fondo, bastante parecido todo. Porque todo en el fondo se parece cuando se trata de ciertas cosas, me interrumpió la poeta alguna vez. Todo en el fondo recurre, es cierto: Nada se repite, créeme, pero todo recurre, dijo. Todo se asienta en lo mismo y esas veces que uno encuentra cosas se sienten como en la mano, alientan en el instante previo como si estuvieran ya dispuestas, aguardando allí a la espera antes de salir uno a su encuentro.

Noviembre

Un patio cubierto y un globo en el jardín,
la memoria póstuma
entre sueños de un patio cubierto y de escaleras,
de un globo anclado al árbol donde habitan
aquellas orugas de la infancia: una cesta que duplica
los objetos que se arriman al atanor del aire
en los tubos de metal, los quemadores bajo el mimbre
aventando el despegue siempre en su manera
silenciosa y sin público, entre los pasamanos
mullidos: tan muda la ascensión como el embate
de un pez que trepa bajo el agua a por el aire.

Octubre

La superficie que divide en dos el mundo, el salto
y el principio de aquel viaje coinciden con el fin
–aquí llegamos– de la zona del agua, de la casa
toda umbrales, espejo líquido entretanto no traspuesto.
El término del patio colinda con la nada: el sueño
lo dibuja un espacio trasero, techado o a cubierto
por una lámina de vidrio a su vez cubierta por las hojas
–si bien nada de esto es importante, o sea si acaso
la figuración de un acicate para el éxito, un destino.

Algo así como el capullo de una larva, las celdillas
irisadas sobre negro de aquellas orugas de colores.

Y luego empieza la noche o aparece el arrecife,
ese objeto oscuro de las mareas, huída, pleamar:
he estado allí y a veces vuelvo. Más cerca o más lejos
porque el patio se torna a veces un camino
nocturno, tráfago sediento ahorcajado en su marisma.
Un sendero no por conocido menos peligroso
que lleva hasta el mar, un recorrido del que cómo
saber mientras se cruza si también lo sea de vuelta,
si quepa entre las sombras la promesa de una vida.

Algo así como la vecindad con el término del mundo
o el fin de las rutas en los mapas, todo víspera.

Un envite latente si los sueños se bifurcan en órdago

si se arremolinan los sueños en la versión oscura
cuando hace la barquilla del globo por desprenderse
por alejarse de la tierra o de las ramas, cuando cruje
y bascula y ya se atora y se remece como a punto
de elevarse y se oye por lo bajo, un susurro pero nítida
la voz que pregunta si anda todo bien, si está ya todo
ahí en su sitio. Una voz que protege y acompaña y dice
Qué te pasa y calma el viento, la voz que pone a salvo
aun bajo el afuera la certeza, lo propio en los umbrales.

III.

Secuela de Procusto

Actualidad de los clásicos, rumbo de setas
ocres en el bosque. Nada comunica el templo
salvo un puente que circunda todo, y las sombras
de las antiguas calzadas de piedra: una mancha
de humedad en los pulmones, un vestigio.
Por aquí pasó un ejército, por aquí los pies
de una muchacha con un cántaro de agua;
allá la desaparición de las cosas sorprendía
a dos antiguos camaradas del Liceo
cumpliendo su deber entre la afrenta
tan extraña de la guerra: bayonetas
caladas como banderines bajo tierra, un lecho
de Procusto para los audaces y los altos,
para la vida que no encaja frente al rostro
impávido de lo que no tiene otra madera
que su destino de horma y crematorio.

El pregón a media tarde

Bufón o buhonero de la sombra, un argumento
que nos arranque del sueño, hombre del saco.

Buhonero acaso de sí mismo, se dirá. Utilería menuda
y de escasa monta, botones y tornillos y mínimas
bromas de su menudencia, un cuenco oscuro
y un trompo que baila al compás de quien escuche:
un trompo que danza la danza de los muertos
con su cautela de incorruptible pompa,
con su humor perenne, inalienable. Las cabriolas
de aquella pompa de los juegos imposibles,
una burbuja de jabón que esconda el miedo.

A veces los pasos se repiten como si cayeran
al ritmo o al dictado de algún sitio
remoto y que no es éste. Y a veces los pasos
se alejan de la mercancía que pregonan, eluden
las esquinas concurridas donde asisten
los clientes más ingenuos, las mujeres de los héroes
comprando siempre el menudo de su vuelta,
calderilla
a cambio de nada: a cambio de si acaso el sueño,
a cambio de si acaso Ítaca
y el rescate, la fantasía insomne de su propia vuelta
y de las mejillas serenas ganándose el frescor
de las sábanas, hundiéndose en la almohada
en una moneda tranquila de saliva como un óbolo.

Los umbrales

Los umbrales. Serventesios mínimos,
escaramuzas de sentido repetidas, la labor
de unas lindes, del límite. La tremenda
necesidad de los umbrales, su jardín prestado
al oficio del arúspice, con su patio y su sitio
donde enterrar las vísceras y partir la carne
profana, la que las manos ya han tocado
y se puede comer, compartir en el convivio
en el buen ánimo del gesto del presagio
ante el blanco donde escriben las augures.

Escolio sobre el blanco

Pero los umbrales no coartan el acaso
de las puertas, no sancionan en su nombre
la utilidad de las puertas abiertas a la sombra
o ante la lluvia cuando cae y sopla el véspero
que empapará los bancos, la mesa del portal.
Pueden poco los umbrales ante el viento
cuando riega de polvo y hollín el blanco
del papel, el blanco que no será ya lo bastante
en su medida, en la dimensión de los relatos
(en la claridad de las frases que se bastan
por sí mismas, que por sí mismas se conjugan).

Y el blanco sin remedio sucio de los sótanos,
el blanco aquel empercudido de la noche
cuando se cuela la noche en los términos del día
(¡en los términos límpidos y apolíneos
del día!) lo trastrueca todo en su principio,
lo ordena todo al sacrificio: ya no hay manos
que liberen la carne para el uso
del augurio y de la fiesta que en presente
se deja decir lo que los hados escrituren,
lo que avisen o dispongan: lo que hay.
Ya no queda sino la víscera sangrante
manoseada para arrancarle su futuro:
el blanco aquél que ya no es blanco
sino ausencia de sí. Un lienzo ya cenizo
que negocia su trasiego en maldición

y lo acomoda a la frívola manía del espejo
con la mueca de otro rostro por el tuyo.

IV.

Postraciones

Un manual de anatomía entonces, dice con la palabra justa. Con la precisión o la exactitud o la acribia de la palabra exacta. En el *Crátilo*, cuando discute la pertinencia de los nombres, Platón sienta una doctrina del sentido que alcanza la verdad o la mentira de nuestras palabras, y es esto lo último que dice la poeta y se deja caer en el sofá, a lo que barajo contestar con alguna referencia a Khayyam o alguna observación crítica o sencillamente una broma, pero no digo nada, más bien la miro en su ejercicio,

Me pierdo en su ejercicio (anoto mentalmente)

y repaso luego la situación: Anatomía del coágulo, de las lenguas muertas, del cuerpo sedente. Postraciones.

Cuerpo del fantasma

El sofá merece un comentario aparte. Todo merece un comentario profuso y aparte pero me refiero con esto, por supuesto, a un comentario en este libro. Veamos. La poeta se ha dejado caer en el sofá, acaricia con la yema de los dedos el cuerpo medio áspero de la piel y parece (¿por qué?) invitar, que invitara. Y de hecho invita, aunque no sepa bien a qué.

Quizá sólo a mirarla, me digo.

O a meditar en compañía, cálculo de habitaciones previas (anoto mentalmente), un repaso en silencio de los nombres o incluso la figuración de los usos del sofá, posturas, anatomías del pasado y que en virtud de su recreo devienen sombra, escoltan el presente. Fantasmas, dice ella y sonríe como quien ha descubierto una palabra perdida, alguna que llevara un rato en la punta de la lengua. Lo dice como a veces he dicho yo Troya, pero ahora éste no es el caso −si bien, si bien: pátina común, simultaneidades, aquello que tan bien se siente en la mano una vez dicho.

Anatomía del fantasma (coleccionamos títulos y ése nos parece estupendo y entonces reímos celebrándolo, la desnudo de a pocos, el butacón ya nuestro). Hay todavía variaciones, a saber: *Anatomía del fantasma: un tránsito de figuraciones.* O esta otra, sin ambages: *Cuerpo del fantasma.* Y el mejor, convenimos, *Anatomía del fantasma: una enciclopedia.*

Anatomía del coágulo

La zona sin lindes donde acosa
la sangre brevemente su estadío:
el lugar donde convergen
la sangre y el latido que la empuja
abajo y arriba por los entresijos del cuerpo,
donde el latido y lo que lleva se hacen uno.
Después de la sangre llega siempre
el acabose, el armagedón breve de la crisis
y después el pánico. Después del dolor
arriba siempre una certeza que dilata
como un guante la verdad, otro pretexto
que dilata lo que hay como si fuera
algo donde cupiera cualquier cosa:
sin lindes, una zona
indistinta entre lo mismo, el coágulo
donde latido y sangre se hacen uno,
su imposible perenne y descansado.

Las rendijas

Si acaso ruidos, si acaso a veces sombra o cuerpo
más presentidos que entrevistos, los cuchicheos
de las ratas y el brillo a ras del suelo de sus ojos
y esa sonrisa burlona o desganada. Casi siempre
tan sólo los metales de la calle, lo que adviene
desde fuera y no del lado ciego, el lado del pantano.

Los lagares, pies descalzos: a escondidas las uvas
enormes de la ira desgajándose en la boca. Los racimos
negros de la ira y de la rabia, del cómo puedes si tú
sabes de lo mejor lo que es y lo que no. Las uvas
reventadas en lagares de otro tiempo, ese antaño
remecido de las dudas, clavado a una pared de tablas
como un cartel de Se busca. Clavado a una pared
de tablones torpes, de tablas mediadas por rendijas
a través de las que atisbar al otro lado: una tentación
cegada por lo oscuro, una mentira para los ojos
de quien no verá sino sus propias
manos, las palmas afincadas
sobre la pared rugosa, alguna astilla o quizá el vaho
de pantano al otro lado. Pero no hay nada que ver,
o no hay nada que se vea. Que no es lo mismo. Regalo
torcido de la duda, ¿de veras nada que ver o es nada
que pueda verse desde aquí, nada aun cuando dilate
hasta que duelan las pupilas, aun cuando los ojos
del que atisba se acostumbren al gesto de la duda
que carcome, a toda esa oscuridad que nunca quiso?

Y todo resuena asombrosamente literario:
toda esa literatura, dice ella, un filtro o un tentempié
donde quebrar las alas de las moscas, donde quepan
el zumbido y la risa, la memoria agreste del otoño.

Le mot juste

El sabor del té como un canto o una figura
olvidada del fin, del aplomo con que habría
que encarar siempre la derrota para no
desencajarse con ella, para no abrazarla
buscando el calor del miedo. Con el que habría
que buscarle los ojos en vez de aprobarle
tácito sus aires de estío, de playa pospuesta
en un desierto donde llueve a cada rato.

El sabor del té, entonces. El sabor y los olores
que todavía no se sienten en la boca.

¡Los sabores de la antesala o el epílogo
de alguna otra cosa! Alguna ya perdida
o de antemano circunscrita a la tiniebla,
tan entreverada en su sí pero si no
y tan evidente en su ausencia, tan turgente
como la palabra que no acude a la boca todavía:
como esa palabra que sabemos bien sabida
y que sabemos aun saberla, que está ahí
(en la punta de la lengua, es así como se dice)
precisa y necesaria y la única que cabe
pero que se atora o se deshace por el limbo
imposible de las cosas negadas: ésa, la palabra
que cifra la certeza de saberla y sobre todo
el tremor inconcluso de saber que la sabemos,
de su ausencia que acompaña de algún modo.

Y también el milagro, quizá. El alto milagro quizá
(el milagro como esa palabra en la punta de la lengua)
que es tan simple que no soy capaz, que no me dejan.

Las compuertas

Cuando perdíamos lo que éramos nos decían
que si estábamos locos –decían todos al unísono–,
que si el abismo tentaba tanto como para echarlo
todo por la borda. No sabían (nadie sabe)
lo que estábamos perdiendo. No sabían, pero cómo
iban a saberlo (no hay manera) si ni nosotros
mismos ahora ya nunca lo sabremos. Si no estamos
invitados a la ponderación de los días ni a las bodas
de Píramo y Tisbe, a la convención de los milagros.

La fiesta y la convención de los milagros
y las noticias jodidas, ya sabes. El agujero
negro de la pena, otra vez. Las que corren
de boca en boca y las que no. Lo que carcome
y lo que crece y lo que fluye. Mira, escucha
el curso tibio donde se abren las compuertas,
el ruido breve que crujen al abrirse: apetito
sencillo del presente, lo que anega el cauce
seco, las orillas suspicaces incluso del pasado.
Quizá sirva de algo. Y bien puede que tampoco,
todo hay que decirlo. Pero escucha igual
lo que cuaja cuando las compuertas se acomodan
al único tiempo de lo real, al tiempo
donde lo que fue si acaso se entromete
como las memorias de una vida en el exilio,
en otro país o en otra época. Algo como un rumor
remoto en la ventana, los vaivenes
del curso simple de las aguas cuando corren.

V.

Leben im Aufschub

Ya y en toda vía, todavía, *viator*. Ya
cuando viene llegando la deshora,
el tiempo que no existe cuando queda
únicamente el *no* del ya y el todavía:
todavía no, ya no, bailando sobre el hueco,
entre el agujero negro del presente
y las campanas a rebato del Yo quiero,
y las campanas a rebato de la única
verdad que todavía y que ya no: nada
que pueda palparse con las manos
si no hay manos, nada en carne y hueso
si no hay carne, cuerpo donde asirse.

El punto seco de la muerte,
la ausencia donde las palabras no se oyen
y queda sólo la grima del vacío:
la presencia, la huella perenne del vacío.

Lo que pospone

¿Y a mí, qué me detiene? ¿Qué dolor o cuál sombra, qué culpa me detienen? ¿Lo que pospone mi vida dónde está, cómo se llama?

Quizá el horror, fue lo que dije: haberle visto la cara al horror y no saber cómo se vive sin certeza, sin el ritmo de los días seguros: saber que esa certeza ya no existe. O que bien puede no existir. Que cabe la posibilidad de que no exista o de que no sea para nosotros, que no esté y en su lugar campe únicamente y a sus anchas el vacío. La sombra de una sombra, dijeron los olvidos: y sombra de lo irreparable por eso, de lo póstumo.

La palabra horror, por supuesto, puede sustituirse por otras: lo terrible o lo jodido, el mal. La palabra es indiferente, importa sólo lo que nombra. Y lo que nombra puede padecer la trivialidad de lo arrojado al mundo, la indiferencia de un vegetal o de una piedra.

Las palabras, por supuesto, nunca son indiferentes. Son musgo, son aire, se hacen ralladura en el cuerpo pétreo de la piedra. Son lo que son, sin arreglo. Son menos únicamente cuando mienten, cuando acatan el lugar de otro, cuando son el pago de la deuda que consume al que las dice, que carcomen a quien las entrega a lo pútrido, a quien a sabiendas negocia, tantea sus razones.

A mí, ¿qué me detiene?

Nada que perder, tampoco ya nada que ganar: la memoria quizá, la memoria que no encaja en ningún sitio. O la visión urgente de ponerla en alguno, de cerrar por fin la caja. De cerrarla (fue lo que dije) aun sabiendo bien sabido que se pudo hacer todo distinto, teniendo bien sabido que nada era necesario, que bastaba abrir los ojos, pasar entre las puertas como quien retorna donde siempre estuvo.

A sabiendas de que nadie va a esperarlo a uno, que morirse no hacía falta: que bastaba llegarse allí mismo donde siempre todo.

't Waagstuck

Nadie me acompañará a ese encuentro
que en otro tiempo no hubiera sucedido.
Nadie
me dará las razones de la vuelta,
la clave de ilación de tanta, cuanta
tinta en el ropero, del orden en la línea
ante una carrera de restos sucesivos.

Divisiones una en la otra divididas
como en un juego griego donde nunca
alcanzara la piedra que se arroja
su destino: su blanco, su propia índole
el punto muerto
de los misterios más graves. Donde queda
flotando sobre la ausencia de los números,
en la ingrávida sentencia que separa
de una vez y por todas la piedra de la mano
y le sustrae en cambio el retorno adonde pesa,
y hace del otro platillo en la balanza un resto.

Los múltiplos

Veintisiete minutos, el sol sobre la piel
como un múltiplo del uno, la cadencia
donde asciende lo uno por las vértebras
y las nervaduras bajo la hoja en los canales.
Los canales que recorren las ciudades y la piel
en lo que fluye, su sustento. Los múltiplos
y la boca abierta y lo abierto adonde cabe
en el curso del milagro cuando cuaja:
lejanía ya precisa del bautismo, esa nostalgia
del reconocimiento, del primer asombro
en si nuestro lo que a todas luces, ese asombro.

(Tremor de los primeros días, de las nervaduras
bajo el agua en los canales, de las voces
extrañas. Tan remoto todo y tan de siempre,
tan preciso el gesto cuando cae).

Tan sabido, ni dicho ni dictado sino cierto.
Los pies en la tierra, las plantas sobre el musgo
húmedo del cuerpo cuando vibra
en aquella esa esta
la luz que alienta ya en su soplo, toda
esa luz que habita en propio espacio.

VI.

Rémoras

Lo que ausculta posponiendo rémoras, sombríos aguaceros. O si no, llovizna del día de antes, la víspera perpetua. ¿Qué haces, adónde van los pasos que te siguen?

–Que te llevan,

Que me llevan, dices. ¡Que la llevan, dice! Con la belleza de una nube o de un árbol, de algo mineral o vegetal y no en cambio de algo vivo. Y es justo ése el caso, anoto mentalmente. La belleza de la geografía o del paisaje, no la de la biología o aquella otra, a veces medio turbia, de la historia.

¿A veces medio turbia, dices? A veces casi siempre o es a tientas, turbión y agua revuelta, marejada de algún norte. Una belleza, dice ahora la poeta, que pertenece al relato de la historia, sí, pero no a los sucesos en sí mismos, perdidos en lo que llama actitudes rata. Que pertenece a lo ulterior.

Cuestión, dice, de la estatura propia o de la impropia, de estar, y lo subraya, o de no estar a la altura de sí mismo: alpinismos, ascensiones, exploración de túneles y catacumbas, bromeo y ella sonríe aun cuando sepamos que por esta vez no vamos a encontrar acuerdo en ningún título (*La estatura de Eichmann* o *Notas sobre el experimento Milgram* no serían a todas luces estatuto de consenso, de modo que de entrada, de antemano me los callo).

¿En qué piensas?, pregunta, ¿Todo bien?

Las nubes, que con la luz de ahora –digo–, parecen armar algo como un yunque cuya superficie reflejara el resplandor de una fragua cercana, el aura de un rojo al rojo vivo. Luz de infrarrojo bailando sobre el cuerpo, sobre cuerpos desnudos en la semipenumbra de una sauna.

Otra versión del miedo

Dialéctica de la atracción y el rechazo, tremolancias de lo no resuelto. Que sí pero que no. Del dar y el recibir, y qué imposible situar de un lado o del otro la atracción o el rechazo, lo que es doble y no es ni propio ni es impropio. El huevo o la gallina, qué primero.

Y la proyección sobre la piel: el estereotipo, dicho rápido y mal, la formulación que disculpa abrir los ojos y mirar lo que hay. Ponerlo fuera para manejarlo mejor. Para sobrevivir. Para sobrellevar lo que no. Una fórmula del conflicto que es también una fórmula del deslizamiento, de la fuga perenne. ¿Me vas a dejar así? Te voy a dejar así. No te quiero dejar así. Te voy a dejar así. No quiero no dejarte así pero. Pero pero pero.

Y cómo se ordenan a veces las palabras de siempre sobre la piel, dermografías y vestido de palabras, estigma y entrega y al revés, su doble o su *eidolon*: un descalabro sobre histerias, versiones de lo mismo, manual clínico. Un reverso. Sobre el fondo, el fondo último, ese no saber, lo que se desea y en cambio no y para colmo sí: una versión del miedo o del mal, prestancias de lo ajeno. Ya remotas.

Mareos

Carta de marear, mareos del muro −como en ese mal chiste del borracho al que se le acabó la pared. Los pies en la pared, las manos juntas empujando el suelo. No quieres estar solo. Y yo no sé cómo, dijo ella, librarme de lo que me impide seguirme. No sé eso cómo es que se hace. Así que entonces siempre las despedidas que van y vienen, la vida interrumpida. Lo que es natural −el tiempo, el tuyo− se detiene y se corta como si se suspendiera en el aire o si se suspendiera en el vacío, una campana de cristal con ánimas que flotan. El pasado que abduce, digo por decir. En suspenso, pospuestas hasta que. Hasta la próxima vez de prometernos que la próxima. Que ahora sí, que ya está bueno.

Los centros

Los centros, los fondos. El *ground* de la cuestión o el pollo del arroz con pollo, concede incluso la poeta. *To be or not to be*. Y ahí de pronto todo se desvanece o se enturbia, todo se parte o subdivide como la tortuga de Aquiles o el *tertiur* por esta vez sí *datur* de Nicolás de Cusa, *De non aliud*: verdad y no verdad y no no verdad, y aun no no no verdad, y etcétera en el no no no no no, la aporía en su salsa. La navaja de Apeles. El corte de Apeles. La vivisección de Apeles. Ya está bien. El tiempo desollado de Apeles, *keine Zeit*.

O la aporía de duelo, ceniza sobre su cabeza y vestido rasgado en los velorios, la tortuga que siempre gana aun cuando todo es tan evidente, tan obvio, y no haya aplausos ni entrada triunfal a la meta ni haya tampoco arribo, llegar.

El hábito

Esa suerte de abstención de la duermevela, cifra de polvo. O su asiento, su sede. Mientes (ahora, de nuevo) con todo el desparpajo de la costumbre, de lo irreparable. Del tedio. Con todo el cansancio y toda la naturalidad del hábito, con toda la oscuridad y la niebla y la inconsciencia del hábito, de la dejadez del hábito. Luz en el agua, agua que corre, chorro abierto. Luego, a veces, un alto. Entre sueños todo pareciera tener su lugar o un sentido, dice. Entre sueños parece que las palabras construyeran el sentido que las reúne, orden simbólico (etcétera). Pero entre el sueño o la duermevela o el hábito, de cuando en cuando, sólo de cuando en cuando, aparece el rostro. El rostro donde sabes que. El mensajero que acude sin saberlo hacia su muerte, que desbroza sin saberlo —sin saberlo y a destajo— la deriva del hábito.

Disculpas

Nada depara más temores a veces que tu nombre, dijo la poeta. Sí, tu nombre o el mío. Una suerte de exposición, de demasiada exposición o si no de un sesgo o un vértigo, la veladura de lo que pudiera ser de otro modo, no sé si me explico (y ahora titubea, no sabe si avanzar). Por supuesto que no se explicaba. O sí, se explicaba, con atenuantes: Te explicas, dije, pero no diciendo lo que quieres decir. Sino más bien mostrándolo. Poniéndolo en escena. ¿Ah, sí? Será que me explico a mi pesar, entonces. Disculpa.

Nada depara más temores que tu nombre cuando tu nombre, añadí, es un relato o cuando se oculta como un trecho de sombra en lo no dicho.

Ah, vaya. Trecho de sombra. Ya, te entiendo, dijo. Ya se entendió. Y luego permanecimos durante un rato en silencio, en esa disculpa muda y algo pudorosa que es como una coda y que transcurre únicamente a solas. Paladeando ese alivio de haber dicho lo que no queríamos, de haberlo disuelto en palabras.

Blusa blanca

Lo que sabíamos es que todo era en el fondo tan sencillo, tan cabronamente sencillo que a veces esa llaneza o esa elementalidad o ese simple y sencillo primordial cegaban como un espejo de frente a una ventana, como un espejo enorme donde se reflejara el sol a mediodía. O convocaban vete a saber qué fantasmas, los fantasmas de la duda y los fantasmas de por qué no todavía, o los fantasmas desubicados de cómo no estar ahí donde es. Donde siempre ha sido. Los fantasmas del miedo, en ocasiones. Lo que siempre hemos sabido, dije, si es tan simple como tu piel y la mía, y la poeta asintió y luego me besó en la boca sin decir nada, algo que era más elocuente que todas las frases posibles al respecto en cinco lenguas y que a su vez comprendía, al mismo tiempo, aquel espejo enorme y la elementalidad de lo evidente y el curso de los días y la figuración de la felicidad y del abismo, de lo uno y de lo otro, y que por supuesto no puede decirse si no es en el relato anterior y posterior al instante que busca ser dicho

—O que se siente en la mano,

O que se siente en la mano. Y que busca ser dicho aunque no precise serlo, que busca ser dicho porque nos da la gana, y en ese Porque nos da la gana en su boca volvía a obrar el misterio y el nombre, blusa blanca y flores blancas y patio sabiéndose en lo que son allí y ahora y aquí, entonces ahora, y toda esa luz necesaria y bastante. Aquí, es aquí: ven, que estamos vivos. Porque nos da la gana, sí.

VII.

Schelde

Costillares del arca de Noé, omóplatos de ballena que se fingen trazas de gigante: el río –¿de qué otro modo si no?– transcurre donde empieza, transcurre donde acaba. De un punto al otro, entero y simultáneo, completo y sucesivo. No hay líneas que finjan otra vida que no sea la tuya, ni líneas tampoco de la tuya que arañen el papel,

–¿La condición de los relatos?

La condición o el tono, sí, de los relatos. Así mismo.

La verdad de los relatos, dicho de otro modo. A pesar de los rasgones en el folio. No hay líneas que tracen otra vida que no sea la tuya, ni marcas en la mano. Tampoco las del río. Los ríos empiezan y terminan allí donde empiezan y terminan, de cabo a rabo simultáneos, siempre en su transcurso. Y los papeles se deshacen en el agua, minuta de los peces, menudencia.

A propia muerte

Tu propia muerte, la que es tuya, a los umbrales.
Vivir tu propia vida supone sustraerla
a la muerte que te es propia. Y viceversa,
no hay arreglo. La voz, todo lo que anida y reconoces
a veces en la voz ¿de qué lado, dónde habita,
adónde entre esas dos, si plácidas, riberas enemigas?

Se vive contra la muerte, contra ésa
que te es propia ¿cuál si no? Sólo
se vive alejándose del fin, no hacia la muerte
o para la muerte o entregándose rendido
en abandono a la dulzura de una muerte conocida:
a su consuelo. La voz a propia muerte tiene tanto
de propia como la muerte, tanto como el fin: nada
sino el estamento del sacrificio, del dolor, más nada
y a cambio todo lo que asoma —tan reconocible
y tan propio, y tan de uno por eso— bajo la vida negada.

Ahí está todo, míralo: al alcance de la mano, al compás
de tu muerte bajo la lápida traslúcida del No. Todo
en el umbral de una voz que siempre va a mentirse
conocida, y que acaso bien lo sea en su derecho,
a buena lid: familiar y propia, aun si pontifica
trémula y confusa con el timbre inconfundible
con que se habla a los fantasmas, el tono con que vibra
tu propia voz cuando se rompe o cuando afina.

Sí, es tan propia tu muerte como la vida que sustrae
del mismo modo que las frases son las mismas
aun cuando un No las encabece. Vivirás o echarás
de menos lo mismo, lo que ha sido siempre tuyo:
lo que significan las palabras, lo que digan en la frase
que es la misma frase aunque un No te la arrebate,
que es tan tuya como la muerte que te es propia
o tan tuyo como el cuerpo de tu vida si la habitas.

La piel traslúcida

¿Cómo desfila, empieza la procesión? La procesión arranca por dentro, por supuesto: la procesión va por dentro y afuera en la piel si acaso máculas, sonrojos, transparencias. Un velo semiopaco que dejara ver lo que debajo ebulle, los tránsitos. Desvarío: pienso en la circulación de la sangre, en humores hipocráticos. De nuevo anatomías, lo que esta vez no viene a cuento ningún título o será que no estamos de ánimo. La procesión y la piel, ¿cómo decirlo? Las rutas de los trenes, así es como dice la poeta, siempre conducen a perderse. Siempre se dispersan o retornan. A ver, a ver, veamos… A perderse y regresar, afina. A perderse y regresar sin que dé tiempo a leer al derecho. Las rutas fijas siempre conducen a la vuelta, a los andenes conocidos, al otro lado de las vías: como en un espejo, dice, como tipos de imprenta en una página montada que se muestra, zas, ante un espejo de bronce. Un espejo que se atisba un segundo y luego desaparece para siempre en el sombrero de un mago.

Las preguntas

Entonces me pregunté si podría olvidarla. Me pregunté si podría o si querría el olvido, aunque las preguntas eran por supuesto una mentira, un acertijo a dado roto: de una sabía la respuesta y de la otra, me dije, no la iba a saber nunca. Una semana después todavía no podía dejar de pensar en el olvido (en el olvido y el fin), y ya había perdido algunas plantas. Volvería sobre mis pasos si pudiera, eso estaba claro.

No sé si volvería en cambio a mirarme la cara en ese espejo. Una cara que no era mía o que sólo podría serlo si las cosas fueran levemente distintas, de otra suerte.

La sombra de una sombra, dijeron los olvidos, el gesto amable de una sombra y la historia que acompaña desligada de sí. La sombra de otra sombra, pensé. No un cambio tremendo ni el repertorio contrafactual de lo irrevocable, dijo Ovidio.

Y ella que bailaba, ajena a todo: sin saltos en el tiempo o la edad sino tan sólo un mínimo desplazamiento en los objetos, la convención de su acuerdo, una pátina: la diferencia entre olvidarse o recordar, entre buscar la llave de casa donde ha estado de siempre o haberla perdido en el camino. La sombra de un duelo, dijeron los duelistas.

La noche, es cierto, parecía la primera. La noche donde habrás de resolver si puedes o si quieres el olvido que tan bien sabes que no, pero tampoco.

www.ingramcontent.com/pod-product-compliance
Lightning Source LLC
Chambersburg PA
CBHW022022080426
42733CB00007B/693